Na Boka!

Nathaly Heyliger-Martina

Promé imprenta, yüli 2025

ISBN: 978-1-960509-24-6

Illustrashon: Giselle Pieternelle
Publikashon: Saved to Serve Publishing
Coach: Drs. Luisette Kraal
www.Luisettekraal.com
Letteren Fonds: Stichting Lezen en Schrijven Bonaire

Dedikashon

E buki akí ta dediká na tur Mai ku Pai ku a wak tur nietu i subrino komo sifuera ta nan propio yunan. Sa ku boso ehèmpel, siñansa i palabranan a keda semper grabá den nos kurason, te ku nos a sigui pasa nan pa nos yunan i nietunan. Danki! Dios bendishoná boso.

Na tur mucha di Boka Samí, grandi i chikí. Tur esnan ku tabata keda serka wela pa topa ku mas mucha den fakansi òf den wikènt. Spesialmente tur primu, bisiña, i konosínan ku a lanta manera ruman ten di nan ten. Unda na mundu ku bo por ta, e kultura di much'i Boka hamas lo laga bo kurason. Dios kompañá boso.

Na tur esnan ku tabata bin for otro bario pa pasa fakansi òf wikènt na Boka Samí. Bo tambe tin e stèmpel di much'i Boka grabá riba bo kurason. No lubidá bo niñes nunka, e tempu ei no ta bini bèk.

I na e muchanan di 'awor'. Sali pafó, kore hunga, konektá, eksplorá, krea, biba! Bo niñes ta e etapa di mas fantástiko ku tin, ta den e temporada ei talentonan ku Dios a pone den bo ta floresé. Keda mucha mas largu ku ta posibel. Dios protehá boso.

Palabra di danki

Danki na Dios ku a permití mi lanta na Boka Samí, mi ta sintí mi privilegiá.

Na mi kasá, ku semper ta sostené mi den tur loke mi hasi.

Na mi mayornan ku a permití nos eksplorá i ku a inkulká e importansia di famia i komunidat den nos.

Na mi rumanchi stimá i su kasá, ku a regalá mi dos subrino dushi. Ta pa nan mi ta skirbi.

Na tur primu i amigu ku a hasi mi niñes bunita.

Despues di skol

For di un anochi promé, Zay i Ava ta prepará nan tas pa keda drumi na Mai Inchi ku Ta' Beu.

Ava ta kontrolá e tas bon, despues bolbe kontrolá, pa e sa sigur ku e no ta lubidá nada i e ta pensa duru i konta riba su dedenan. "Paña di kas pa tres dia, pidjama pa dos anochi i skeiru ku pasta di djente."

"Ata, shampu pa laba e bòshi di kabei akí."

E ta grita Zay den e otro kamber: "Bo a kue bo banchinan pa landa? Kue sèrbètè èkstra tambe!" Manera semper Ava ta zona manera un mama chikí, ku ta regla tur kos bon bon.

Zay, purápurá, ta zuai algun kos tur bruá den otro den tas, i e ta bisa: "Mi no mester di banchi, mi por landa un tiki kaba, ta 8 aña mi tin."

"Kue nan tòg! Sino Mai Inchi no ta laga bo drenta awa! Bo sa bon bon!"

Lihélihé Zay ta benta nan tòg den su tas pasobra e no ta bai te Boka Samí i keda sin landa.

Semper tin kos dushi di hasi na Boka Samí, e hendenan di e bario akí ta hopi kreativo i semper kontentu. E muchanan banda di kas di Ta' Beu i Mai Inchi ta gusta hunga pafó.

Ta' Beu ta piskadó i Mai Inchi ta bende piská. Nan ta traha duru, nan ta spar bon i semper nan ta kompartí ku tur hende. Papi ta yu di Ta' Beu i Mai Inchi, e i tur su rumannan hòmber parse Ta' Beu.

Ta' Beu no ta papia mashá, e tin un kara chistoso, su nanishi ta lombrá i e tin un pida barika rondó. Semper su mannan ta hasi algu. Sea ku e ta drecha su reda òf e ta mula su sambèchi, nunka su mannan no ta para ketu.

Siguiente dia, tio Stanley ta pasa buska nan despues di skol pa nan bai keda serka Mai ku Ta' Beu.
Tio ta puntra nan: "Ken ta kla pa kome Mai Inchi su masbangu?"
Zay ta bisa: "Si, dushi, ami ta gust'é ku aros."
Tio ta trèk kara fis i bisa: "Ku aros? E mihó manera pa kome masbangu, ta ku funchi i banana."

Ava no ta bisa nada, pasobra e sa kaba, semper ku e bai Mai ku Ta' Beu, ta masbangu ku funchi tin mèrdia.

Funchi,
masbangu, banana

Tio ta baha nan na Boka Samí. Manera semper Zay ta kore manera 'flash' bai paden pero Ava ta kue tur tas i yama Zay bin bèk.

Nan ta drenta kas i kumindá Mai Inchi ku manera kustumber ta den kushina. Ku su skòrchi floriá mará dilanti di su bata, e ta hasa banana.

Tin un tayó ku hopi banana kla hasá banda di dje. Semper Mai Inchi ta kushiná mas ku nan lo kome pasobra ken ku yega e ta ofresé un tiki. Mai Inchi ta kumindá i ta bisa: "Ava, konta mi dushi. Bo por kue e skalchi blanku den e kashi ariba pa mi? Nèt bon ku bo a yega aworakí pa yuda mi, pasobra ami no por yega."

"Ava a pasa Mai Inchi kaba", Zay ta bisa ku un harí.
 "Anto ta 12 aña so e tin. Mai Inchi no a sigui krese."
Ava i Mai Inchi ta hari.
Semper e muchanan ta tent'é pasobra e ta chikí.
Ava ta kue e skalchi pa Mai Inchi, i e muchanan ta bai kambia paña di skol, bisti paña di kas i sinta na mesa pa nan kome. Mai ta saka kuminda pone na mesa pa nan i bisa: "Anto wak pa boso kome tur."

Zay ta wak den su tayó, nèt e ta bai habri boka pa reklamá algu, Mai ta rekordá nan: "Esun ku no kome tur, no ta lanta for di e mesa akí."

Zay ta guli su palabranan i su kara ta bira zür. E sa ku Mai no ta gusta pa mucha reklamá su kuminda.

E ta gusta masbangu si, pero e no gusta hopi sous, i e no gusta siboyo mes. Anto Mai a dòrna su piská ku siboyo. E ta pensa den su mes; "Kon mi ta hasi?" E ta pone man bou di kachete i keda mòrs ku su fòrki den e kuminda.

Ora Ta' Beu kana bin sinta na mesa e ta bisa Zay: "Bo kabes ta bai kai? Kita man for di bou di kachete i kome ku smak." E ta traha un kara di mala mucha i sigui bisa: "Si bo kome tur, tin eiskrim aki ratu."

Zay ta bira wak Ava pa yudansa pasobra e ta gusta eiskrim. Ava si ta kome su piská te lembe dede. E ta kibra e piská ku su man pa saka tur e wesunan, pa e no guli niun.

Zay ta hasi seña ku Ava i yam'é ku stèm abou pa e bira wak: "Ei, ei!"

Ava ta bira wak e ku kara un tiki disgustá i puntra ku stèm abou: "Kiko?"

Zay ta roga: "Tuma e siboyonan."

Zay ta wak rònt, pa wak si e no ta mira Mai, i e ta skùif tur e siboyonan den Ava su tayó.

E tin ku sòru pa su tayó ta bashí promé ku e lanta for di mesa, pasobra eiskrim si, e no ta pèrdè.

Sin nan sa Ta' Beu ta wak nan ku wowo di banda. E ta hari den chikí i su barika rondó ta move bai bin di prèt. E ta bisa Zay: "Mi a mira bo!" Pero e ta smail ku nan i no ta reda.

Ora nan kaba di kome, Ava tin ku yuda laba tayó i Zay ta limpia mesa.
Zay su beis ta drecha pasobra no ta su bùrt pa frega wea di funchi e biaha akí i e ta tenta Ava. "Ava, dia bo kaba, laga mi sa!", e ta bisa. E ta pone un stapel di tayó pa Ava laba, mustra dede riba dje, hari i kore bai.

Ava ta laba e tayónan sin smak. Ava gusta yuda, pero wea di funchi si no. Anto pió, funchi ku a para bira duru duru den wea no ta niun tiki dushi pa laba, bo ta keda frega te haña doló di brasa.

Tira kabes

Ora nan kaba di yuda, nan mester bai sosegá kurpa un ratu. Semper Mai ku Ta' Beu ta drumi mèrdia.

E muchanan si, niun di dos no tin soño, pero tòg nan mester kue nan kama di pushi habri abou den sala, nèt den porta. Drumi abou den sala ta dushi si, e airu fresku ta maria bo.

Den nan mariá di soño nan ta tende algun mucha ta skòp bala pafó. Ta e muchanan ku ta biba dilanti di Mai ku Ta' Beu. Semper nan ta hunga futbòl riba kaya, kaminda outo ta pasa. Mai no ta gusta pa niun mucha hunga riba kaya, e ta bisa ku outo por pasa duru sin paga tinu ku tin mucha ta hunga.

Futbòl riba kaya

Zay i Ava drumí abou, kada un riba su kama di pushi, ta bira wak otro i den nan mente, nan ta pensa meskos. Nan ta pensa ku manera nan tende e ronká di Ta' Beu, nan ta lanta pokopoko, slùip bai pafó serka e otro muchanan sin ku niun hende ripará. I ... bèrdat, asina nan ta hasi tambe, nan ta lanta kore limpi bai.

Asina ku e muchanan mira Zay i Ava, wega di bala ta stòp, pa e muchanan hinka Zay i Ava tambe den wega.
Dos mucha ta pone slòf i kèts na kada banda pa traha porta di gol. Ku un piedra nan ta raspa i marka e parti meimei di 'vèlt'.

E mucha hòmber doño di e bala yama Maikel. Niun mucha di bario no gusta hunga kuné mashá, pero nan ta hunga tòg pasobra ta e so tin bala.
Wega ta kuminsá i tur mucha ta hunga masha dushi mes. Maikel ta bon den skòp bala. E ta hinka gol dos biaha. Tur mucha ta grita, hari i papia. Asina un outo ta bini, nan tur ta hala na kantu i grita: "Outooo." Despues nan ta sigui hunga.

Ava ta para den gol i Zay ta esun ku mester skòp. Pero di ripiente Maikel ta kore duru pasa banda di Zay, i skòp e bala kita for di dje. Zay ta grita: "Hei, ta mi bùrt!"

Pero Maikel ta sigui kore bai ku hopi spit riba Ava i e ta skòp e bala masha duru mes pa hinka gol atrobe. Ava ta bula kue e bala, pero tòg Maikel ta grita, "Gooolll!"

Ava ta reklamá Maikel mesora: "Nò, no ta gol, no ta gol!"

"Bo no ta mira ku mi a fangu bo bala, e no ta konta."

Maikel ta bisa: "Ta gol e ta, pasobra bo tabata para mas patras ku mi kèts! Fo'i ora e bala pasa mi kèts, ta gol e ta."

"Wega sushi!" Zay ta grita. "Ava no a para mas patras!"

Maikel ta kana duru bai riba Zay ku su moketanan será. "No ta den mi tim bo ta? Dikon bo ta kontra mi?"

Ava no ta gusta wega sushi i e ta bisa: "Nunka mi no a tende di e regla kèns ei, anto no tabata ni bo bùrt."

Maikel ta bisa ku un stèm fresku: "Doño di bala ta disidí regla. Si e no ta konta, mi ta saka abo i bo ruman for di wega."

E otro muchanan den wega ta kuminsá pleita ku Maikel pasobra e ta hunga wega sushi.

Pero Maikel no ke tende i e ta grita: "Ta mi bala, ta mi regla!" I e ta ranka e bala for di Ava su man, kue su kètsnan i kana bai kas. Su dos rumannan tambe ta bai su tras, tur tristu. Nan si tin gana di sigui hunga bala.

"No ta nada Ava", Zay ta bisa, "Otro biaha nos mes ta bini ku nos bala. Ban kas numa, Mai ku Ta', ta serka di lanta tòg."

Eiskrim

Ora nan a drenta kas bèk, Mai a lanta kaba, te ku el a traha djus pa Zay i Ava bebe i kòfi pa e mes i Ta' Beu. E ta bisa nan pa kue nan kama di pushi for di den sala i ta bisa ku nan tin mag di wak televishon pa un ora. Mai su kara ta mustra serio, pero Zay i Ava no ta bisa nada.

Banda di kuat'or di atardi nan ta tende un zonido masha 'great' mes. Zay ta bula grita kontentu: "Trùk di palu friu!"

Mai ku no a bisa mashá tur e ora, ta bisa: "Nò! No tin eiskrim awe! Boso no a drumi mèrdia, anto boso sa ku mi no ta gusta pa boso hunga pafó riba kaya. Ta masha peligroso. Mi a para wak boso, i m'a mira kiko Maikel a hasi."

Pero Zay ta roga, "'Please' Mai, Ta' a bisa ku si mi kome tur mi kuminda mi por haña eiskrim, i mi a kome tur!" E ta bira wak Ta' Beu ku un kara masha tristu.

16

Ta' Beu ta hasi un señal chikí pa yama Zay, habri un kaha di palu chikí ku tin den un kashi banda di su stul, saka sinku florin i duna Zay. Kontentu Zay ta hinka e sèn den su saku.

I Ta' Beu ta bira bisa Mai: "Ai, lag'é maha. Laga e muchanan haña un tiki eiskrim."

Mai ta pone man den zei i sakudí kabes. E ta kana bai den kushina i segun ku e ta kue kuater beker den kashi e ta bisa Ta' Beu; "Bo ta malkriá e muchanan akí muchu." E ta sigui bisa: " Zay, bo a skapa ku mi tambe ke eiskrim. Tuma."

E ta duna Zay e bekernan i bisa: "Bisa e kompader ku bo ke un eiskrim di kuater bola, pero lag'é pone kada un bola den un beker i tuma e kaska di papurèshi apart. Bo a komprendé?"

Ava ta bira wak Mai ku un kara konfundí i bisa: "Huh? Un kaska so Mai? Ta kuater hende nos ta."

Mai ta bisa Ava; "Mucha, no hasi goloso, bai yuda Zay!"

Segun ku nan ta kore bai na punta di hanchi, nan ta tende pitu di e trùk ta yega mas serka. Ora e trùk ta serka di yega dilanti di nan hanchi, nan ta grita: "Para!! Para!!"

E trùk di eiskrim ta para pa nan, i nan ta kumpra eiskrim manera Mai a bisa nan. Kada un bola den un beker i e kaska apart.

Segun ku nan ta kana bai kas bèk, Zay ta kuminsá kome su eiskrim.

Ava ta puntra: "Dikon Mai no ke pa kada un di nos haña un eiskrim normal? Ata nos a sobra sèn?"

Nan ta drenta kas, duna Ta' Beu e sobrá di sèn i Ava ta duna Mai su beker ku eiskrim aden i e kaska, i e ta puntra Mai ainda un tiki konfundí: "Ta Mai so ta bai kome e kaska?"
Zay ta bisa: "No ta nada, nos por parti e kaska tambe."

Mai ta haña un bon momento pa siña Ava un lès hopi importante. Segun ku e ta kibra e kaska, e ta bisa Ava, "No ta pasó tin, mester gast'é. Malora ta tra'i porta."

Zay ta puntra ku un smail riba su kara: "Tin lora malu?"

"Lora nò Zay, mal ora." Mai ta duna kada hende un pida di e kaska i e ta bisa: "No ta pasobra bo por kumpra algu, bo ta gasta tur e sèn mesora, kòrda warda pa mañan."

Ava su kara ta kambia mesora ku e sabiduria nobo ku el a haña.

Zay ta bisa: "Danki Mai, no ta nada, ta e zonido 'krush krush' den bo boka ta konta." Tur hende ta gosa di nan eiskrim i ta sinta wak televishon un ratu.

Fabor na toko

Siguiente dia Ava ta lanta trempan. Mai Inchi tabata lantá kaba. Solo no a sali mes ainda. Pero ya Mai a pone awa herebé pa traha yerba.

"Ava, hasi mi un fabor," Mai ta bisa: "Bo por kana bai toko, kumpra ocho pan franses pa mi?"
Entusiasmá Ava ta bisa: "Si Mai, esei so?"
"Un slòf di keshi tambe, esun di dos òns."

Ava ta tuma sèn serka Mai, i kuminsá kana. E ta disfrutá di e airu fresku di mainta trempan, e kantá di e paranan, i e kietut.

Djaleu e ta tende: "Warda mi! Warda mi!"
Mesora su kurpa ta pèrdè smak. E ta sak su skouder, drei wowo wak den laira, i stòp di kana.
Ata Zay ta kore bin. Sin rosea i kasi pa e trompeká e ta bisa: "Dikon bo no a lanta mi? Mi tambe ke bai toko. Mai a bisa mi ku ya bo a kuminsá kana kaba."
Ava ta trèk boka i bisa: "Pasobra ta mi so kier a bai, kana trankil, hala rosea fresku i skucha e paranan flùit. Mainta no ta ora pa papia mashá."

Ku kara tristu Zay ta bisa: "Mi tambe gusta tende e paranan, anto mi no ta papia hopi."

Ora nan yega toko, tin un par di hende pará kaba.
Un señora ku unifòrm di polis ta bisa: "Bon, ta ki ora e shon ta haña gana di habri e toko akí antó? Hende tin mas kos di hasi!"
Zay ta hala serka serka di Ava i puntr'é den su orea: "Ta polis e señora ta?"
Ava ta trèk su lep, dal un stap for di Zay, krusa man sin kontestá.

Zay ta wak e shon su bistí, habri wowo grandi, bolbe hala pega serka Ava i bisa ku stèm spantá; "Bo a wak e pistol di e señora?"
Ava ta djis krusa su mannan mas pèrtá i bira lomba pa Zay.

Despues di un ratu Zay ta bolbe hala serka i puntra Ava; "Ki ora e toko ta habri?"
Ava ta dal un stap mas grandi ainda for di dje i bisa ku un stèm nèt muchu duru ku tur hende ta tende: "Mainta no ta ora di papia hopi bo sa?"

Ora e kaba di grita Zay, e mes ta spanta i tapa su boka di bèrgwensa, pasobra awor tur hende ta bira wak nan. Zay ta sak kabes, traha kara tristu i frega wowo.

E señora polis ta hari i puntra Ava; "Ta nietu di Inchi bosnan dos ta? Bo a zona meskos kuné, kumind'é pa mi!"

Yen di bèrgwensa Ava ta bisa: "Si, ta bon señora." Porfin toko a habri i nan ta yega na bùrt pa kumpra pan i keshi. Kontentu pero ketu nan ta kana bai kas bèk.

Awor si solo a kuminsá sali.

Skaf boto

Ora nan a yega kas bèk, nan ta kome nan pan i bebe yerba. Zay tin yen di gana di puntra Ava algu, pero e ta keda ketu. Ma na su kara bo ta mira tur kos.

Kada slòk di yerba ku e dal, e ta trèk su kara, guli, kaba saka lenga ku kara disgustá.

Ava tambe. Pero e si ta disimulá un tiki mas mihó. Den chikí nan ta hari sin sa ku Mai ta pará nan tras ta wak. Ku un stèm fuerte e ta puntra: "Ki falta e yerba?"

Ava ta kontestá lihélihé; "Nada Mai."

Zay ta kontestá den djente, ku e kòpi na su boka: "E ta hopi zut."

Mai ta djis bisa nan: "Bebe tur!" I e ta bira bai sigui hasi su trabounan.

Ora nan ta serka di kaba di kome, nan ta tende un zonido pafó. Zay ta puntra: "Ta' Beu ta pafó? Kiko e ta hasi?"

Mai ta bisa: "E ta drecha su boto pa e bai laman otro siman."

E muchanan ta pròp sobrá pan lihélihé den nan boka, manda nan yerba zut abou, i kore bai pafó pa nan wak kiko Ta' Beu ta hasi.

Ta' Beu ta sintá pabou di kas na su boto ku su kòfi banda di dje. Leu ayá nan ta tende zonido di laman. Mai ku Ta' Beu no ta biba masha leu for di laman. E laman ta zona dushi.

E boto ta kabes abou riba algun balki di palu pasobra Ta' Beu ta skaf su bòm.
Sh… sh… sh… kada biaha ku e pasa e skaf, un krùl di palu ta kai abou. E ta hopi konsentrá riba su trabou i e ta move ku henter su kurpa, Sh… sh… sh…. Riba flur tin masha hopi sas di palu, nan parse kabei. Ava ta kue un par, pone den su bòshi di kabei.

Zay ta puntra: "Dikon Ta' no ta usa un mashin? E no ta bai mas lihé?"
Ta' Beu ta bira wak Zay ku un kara serio i bisa: "Mashin no ta man."
I sin sali for di ritmo, e ta sigui skaf, Sh… sh… sh…

E muchanan ta sinta atmirá Ta' Beu su trabou un ratu. Nan ta mira e skaf, martin di palu, machete, klafat i un hilu diki di katuna.

Nan ta yuda Ta' Beu hinka e krùlnan di palu den un hèmber. Tur hende ta traha ketu... e úniko zonido ku nan ta tende ta e olanan di laman i e skaf, Sh... sh... sh...

Hala reda

Un flùit skèrpi ku ta zona hopi duru ta kibra e kietut. E muchanan ta wak rònt pa buska di unda e zonido ta bini i nan ta bira wak otro asombrá; "Ken ta flùit asina?" Ava ta puntra.

Ta' Beu ta pone su skaf abou i kontestá kòrtiku: "Nan a hala reda." E ta laga su trabou para, lanta, dal su lastu slòk di kòfi, pasa kue su krenwá i kue rumbo pa laman.

Zay i Ava ta kore bai su tras pa wak kiko e ta bai hasi. Despues nan ta drenta kas, kore bai serka Mai pa kont'é kiko nan a tende i pa puntr'é si nan tin mag di bai wak ora Ta' Beu bai kantu di laman.

Ora nan a yega den kushina, nan ta mira ku Mai tambe a stòp ku su trabounan, te kita skòrchi. E ta mara un lensu na su kabes. Mai tambe a tende e flùit i e ta kla pa sali kas. E ta bisa: "Ava, kue tres hèmber di rabu den ket pa mi. I Zay, abo bin ku dos platu for di den kushina, ta dos baki di plèstik nan ta, trese nan pa mi. E piskadónan a hala reda na laman i nos ta bai kumpra piská."

Purá e muchanan ta bai kue e hèmbernan i e platunan ku Mai a pidi i mesora nan dos ta sigui Mai ku Ta' Beu i asina nan tur kuater ta kana kantu di baranka te ora nan mira playa. Despues di un ratu nan ta tende e flùit atrobe. Awor si nan sa eksaktamente di unda e flùit ta bini. I e muchanan ta kuminsá kana mas lihé, asina lihé te ku nan ta kasi kore.

Djaleu nan ta mira tres boto di piskadó na un reda den laman, e reda tin un mancha grandi di piská rondoná.

"Wak kuantu piská," Zay ta bisa boka habrí; "Kon nan ta hasi saka tur for di laman?"
Tin hende den boto ta hala e reda grandi bini ariba kuné i tin otro hende ta landa rondó di e reda.

Ava ta para wak kon bon e piskadónan ta traha huntu. "Wak Zay, esei ta papi su primu, e ta dùik te den fòndu di laman pa mara boka di e reda, ya e piskánan ta keda aden. Mi ta kòrda ku Papi a yega di bin yuda nan hala reda."

Segun ku e botonan ta yega kantu, e piskadónan ta basha e piskánan den e botonan. Hopi masbangu! Kantu di laman tin hopi bochincha, hopi hende a tende e flùit i a bin pa kumpra piská òf djis pa para atmirá e trabou. Tin hende tin nan hèmber, makutu i platunan pa pone piská aden. No tin piská mas fresku ku esaki! Tur hende ta papia dor di otro, pero e ambiente ta dushi si.

Zay i Ava ta keda pará na un distansia miéntras Mai Inchi i Ta' Beu ta kana bai serka e otro piskadónan ku e krenwá. Tin piskadó a yega kantu di laman kaba.

E horkánan

Mai ta yega na bùrt pa kumpra piská i e ta bisa un di e piskadónan: "Yena e 3 hèmbernan akí pa mi. Kuantu e ta sali?"

E piskadó ta bis'é: "Ai Shon Inchi, ta mi famia bo ta, mi ta pasa na kas mañan pa nos regla e kos akí."
Miéntras e ta basha un makutu di piská den un di e hèmbernan e ta puntra Mai; "E muchanan t'ei? Laga nan bin piki e horkánan."
Mai ta yama Zay i Ava i hasi seña ku su man i ta bisa: "Bosnan bin abou." I e ta bisa e piskadó: "T'e yunan di Faisel ta serka mi e wikènt akí."

Zay i Ava ta kore pasa meimei di tur e hendenan, yega bon kansá serka Mai. Mai ta bisa nan: "Yena e platunan ku e horkánan." Segun ku e piskadónan ta yena e hèmbernan tin yen di piská ta bula afó i kai den santu i tambe esnan ku keda pegá den e reda, ta drif bin kantu.

Zay ta fris un ratu i ta pensa duru, "Horkánan?" "E reda ta horka nan?"
Ava ta sak'é fo'i su fris i bisa: "Ei, ata un ta bula bo dilanti ei, kue lihé!"

Zay ta purba kue e masbangu ku ta bula bai bin su dilanti. E ta bisa: "E no ta para pa mi kue, kada bes ku mi purba ten'é, e ta slep for di mi man."

E ta kore su tras un tiki, pero tòg e ta logra kue e piská i pon'é den un di e platunan.

Tin hopi mucha mas ta piki e horkánan ku kai den santu, eseinan no ta konta, no mester paga pa nan.

Ora Mai su hèmbernan ta yen, Ta' Beu ta pone nan den krenwá.

Zay ta bula grita: "Ami por kore e krenwá bai kas! Mi por, mi tin forsa!"

Mesora Ta' Beu ta hala atras i bis'é ku un stèm di chèrchi: "Oh mucha! Hisa! Oh mucha!!"

Zay ta tene e mannan i trèk ariba, "Umphff, umphff."

Ava ta bis'é: "E krenwá ta muchu pisá pa bo Zay, bo no por ni his'é, te pa bo push'é. Bo ta saka bo brasa for di lugá!"

Zay ta dal dos stap patras, sak su skoudernan i traha kara tristu. E ta bira wak Ta' Beu i den un rosea Ta' Beu ta sak, hisa e mannan di e krenwá i kana un pia un pia, direkshon pa kas.

Zay ta keda wak Ta' Beu ku dos wowo asina grandi i bisa: "Ta' tin hopi forsa. Kon ami ta hasi haña tantu forsa asina?"

Ta' Beu ta dal un smail di banda atrobe i bisa: "Habri boka, manda funchi abou."

Zay ta shòk un ratu i bisa Ava: "Dikon semper Ta' Beu

ta kontestá straño asina, mi no por gewon manda funchi abou."

Mai ku a tend'é, ta hari i bisa: "Ta su manera pa siña bo algu. E ke men ku bo mester kome bon pa bo ta fuerte."

Segun nan ta sigui kana Zay ta puntra Ava ku stèm abou; "Tur e ko'i bo ta siña djis den e un frase ei?"

Ava ta disidí di imitá un di e señoranan ku ta bende piská ku el a mira na playa. E ta kue un di e platunan yen di piská, poné riba su kabes. E ta kana ku su kara stret su dilanti. Un man ta tene e platu, e otro man ta den zei.

Nan ta kana bai kas bèk pa Mai siña nan skama i limpia piská.

Na plenchi

"Nos por bai kumpra mangel na toko?" Zay ta puntra Mai.

Ava ta bula kontestá promé ku Mai: "Siii… mi tin gana di kome un ko'i smak."

Mai ta bisa nan: "Tin sufisiente ko'i smak aki. Buskuchi soda ku 'TipTop'."

Ava ta trèk kara steif i Zay ta tapa su boka pa e no bisa nada, pasobra Mai su djusnan sa ta poko slap i buskuchi soda no ta smak nèt nèt nada.

Ava ta purba un triki pa drecha kos i e ta bisa Mai: "Pero un djis e bisiña ta bin bebe kòfi serka Mai. I mi sa ku Mai no ta gusta pa mucha sinta skucha kòmbersashon di hende grandi. P'esei nos a pensa pa kana bai toko. Mai por kòmbersá trankil e ora ei." E ta primi su lep i keda wak Mai ku e kara di mas kariñoso ku el a yega di traha pa purba konvensé Mai pa nan bai tòg.

Mai ku sa di nan triki kaba, ta tene nan den suspenso; "Boso no por bai toko man bashí, anto ami no tin sèn largá pa duna niun mucha."

33

Zay ta kore manera 'flash' kue su pòtmòni i bin bèk; "Papi a duna nos sèn largá pa kumpra ko'i smak. Nos mes tin nos sèn."

Mai ku no por a haña mas èksküs pa stroba nan di bai, ta bisa: "Awèl bon, boso por bai ora Ta' Beu bai hunga dominó na plenchi."

Tur atardi Ta' Beu ta kana bai kas di un amigu pa hunga dominó un ratu. Nan ta sinta den un kurá, bou di un palu. E kas ta nèt banda di un plenchi, no muchu leu for di e toko. Atardi tin mas hende ta topa

otro na e plenchi ei. Nan ta kana pa sali for di kas un ratu, muchanan ta hunga òf sinta papia. E hendenan ta kòmbersá tokante nan dia, tokante notisia òf e último papiá ku tin den bario. Tin un ruina di un fòrti bieu tambe. Ei e mucha hòmbernan ta hunga futbòl.

Ava gusta sinta riba muraya di e fòrti. Ei, e ta haña un bon bista riba tur loke ta sosodé rondó di dje. E ta gusta 'people watching' miéntras solo ta baha su tras. E bientu fresku di atardi, e zonido di hendenan ku ta papia i hari, un radio ku ta toka leu aya, ta e ambiente dushi di Boka Samí ku Ava ta gusta serka Mai i Ta' Beu. Mayoria biaha e tin un saku di cheps i un bòter di limonada huntu kuné, tin biaha un buki. Zay sa fia baiskel di algun mucha ku sa bini plenchi i nan ta kore bai te kantu di laman i kore bini bèk.

Promé ku kada hende kue nan kaminda, Ta' Beu ta bisa e muchanan: "Boso por keda na plenchi te ora mi ta bai kas, pero no bai leu."

Nan ta kòmbersá i sosialisá henter sobrá atardi te ora solo baha.

Ora Ta' Beu, Zay i Ava yega kas bèk, ya Mai a kushiná kaba, te ku e ta kla pa prepará mesa pa nan kome.

Manera Zay drenta kas Mai ta bis'é: "Eh eh Zay, ta kon bo ta hole solo asina? Bo no ta sinta na mi mesa asin'ei, bai baña."

Ora tur hende ta bañá i limpi, nan ta sinta na mesa pa kome i Ta' Beu ta pone notisia na televishon.

Ora e wak kiko tin na televishon, e ta traha un kara desapuntá i bisa: "Ai nò, e hendenan ei no ta kansa di bringa?"
Mai ta rous e: "Keda ketu pa mi tende!"

Den sukú

Meimei di notisia tur hende ta tende un zonido duru, "djum." Tur kos ta bira sukú sukú i mesora nan ta tende henter bario grita, "AI NÒÒÒ."
Koriente a bai!

Zay si ta bira kontentu i den chikí e ta bisa: "Yes!" E no tin miedu, e sa kaba ku nan lo hasi kualke kos dushi ora koriente bai.

Mai ta djis chiu i kuminsá piki e tayónan for di riba mesa. Ta' Beu no ta bisa nada i e ta lanta i kuminsá fula fula den sukú. E ta kana bai na e kashi ku tin e belanan i e ta sende algun i duna Mai.

Zay ta kana ku hopi kuidou den e tiki lus di bela i e ta yuda Ta' Beu ku e otro belanan i nan ta prepará dos lampi di kerozin tambe.
Ava ta yuda Mai den kushina un tiki, te kaminda nan por mira.

Tur hende ta sali pafó di kas. Den nan hanchi e otro hendenan tambe ta sende bela i lampi di kerozin.
Ta' Beu ta bisa e palabranan ku e muchanan ta anhelá pa tende masha ora.

E ta bisa: "Ban sinta na plenchi un ratu."
Mai ta mara su kabes, pasobra ya a kuminsá hasi un tiki friu kaba. Mai ku Ta' Beu kada un tin un lampi di kerozin i Zay ku Ava ta hùpel kontentu nan tras.

Segun ku nan ta kana, nan ta mira mas hende ku tambe tin nan lampi i algun mucha ta hunga pafó ku nan flèshlait.

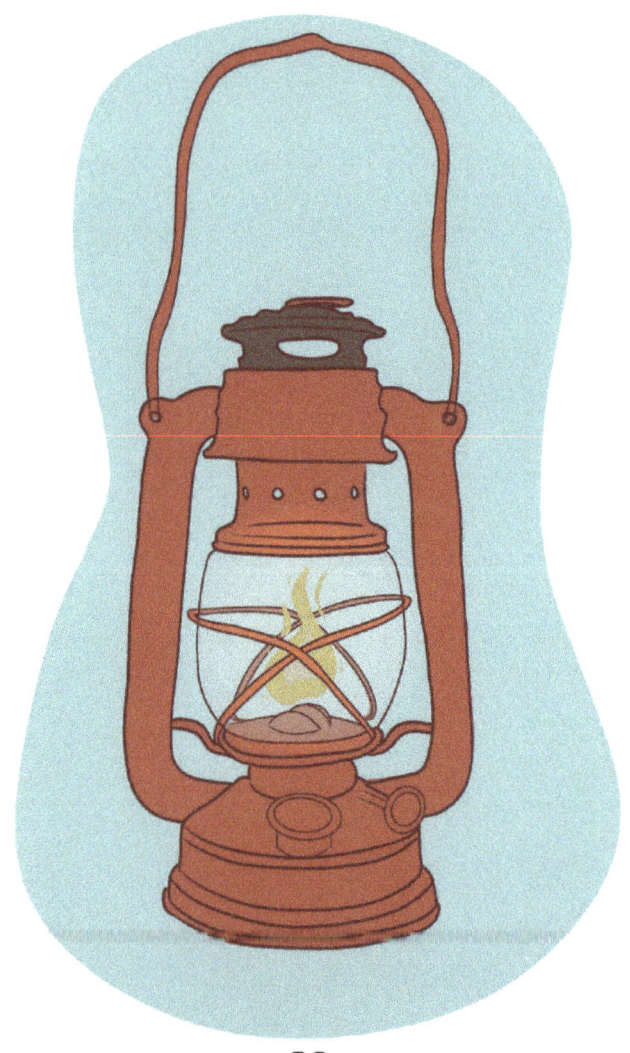

Ora nan yega plenchi, Ava su kurason ta kuminsá bati duru di emoshon; "Ai esta dushi, tur hende tin nan lampi, mi a haña gana di saka un potrèt."

Kasi tur e hendenan ku tabata na e plenchi atardi, a bolbe bin sinta bèk, pero e biaha akí, den sukú.
E toko tambe a sigui bende su kosnan trankil, nan a sende un radio di bateria pa wak si nan por tende kiko a pasa.
Na radio nan ta tende ku ta pa motibu di un aksidente no tin koriente, un hende a kore dal den un palu di lus, pero el a keda bon si.
Mesora Mai ta bisa: "Danki Dios nada no a pasa e shon."

Segun ku nan ta sinta na e plenchi, ta disfrutá di e airu i zonido di laman dushi, nan ta tende un chapi ta toka i un tambú ta ronka.
Ta' Beu ta rekonosé e músika mesora i e ta bisa: "Ta e yunan di Ed ta toka tambú mas leu."

Tur hende ta keda sinta papia te anochi lat, ku e toká di tambú den fondo. Despues di basta ratu, nan ta tende, "djum."
Tur hende ta grita pareu, "Heee!" Nan ta tende sobrá bario tambe grita.

Ku un kurason kontentu tur hende ta bolbe kana bai nan kas, pasobra koriente a bini bèk.

Misa

Mainta trempan Mai ta lanta tur hende pa nan drecha pa bai misa. Pero Mai mes ta lantá for di mardugá pa traha su sòpi di karni. E no ta falta su sòpi niun djadumingu.

E ta bisa Ta' Beu; "Kòrda mi pa kumpra pan será ora misa kaba."
E ta bisa Zay: "Hei, bai bisti sapatu! No kana riba mea, bo ta susha nan!"

Ava tin un shimis simpel pero bunita bistí, e ta bisa: "Ai nò Zay, tende di Mai no! Hasi pa bo kaba."
Pero Zay ta muchu kontentu i e ta balia riba su meanan. E ta puntra ku un tono kantá: "Bo sa ki dia awe ta, bo sa ki dia awe ta? AWE. TA. DIA. DI. BAI. LAN. DA!!"

Ta' Beu ku a kansa, ta taha ku un stèm pisá i skèrpi; "Eh eh!"
Zay ta spanta, para stret riba su kurpa i kore bai bisti sapatu mesora.

Ora nan tur ta kla, nan ta kana na pia bai misa, no ta leu. Tin mas hende den bario ta kana bai, ku nan pañanan bunita bistí.

Traha plan

Despues di misa, tur hende ta para papia un ratu den kurá. E muchanan tambe. Nan ta traha plan ku otro muchanan di bario pa topa na laman aki ratu.
Ava ta bisa algun mucha muhé: "Mi ta bai buska kokolishi nobo. Boso ta yuda mi?"

Maikel ta kore bin kontentu serka Zay; "Ei, abo ku Ava ta bai landa aki ratu? Mi tin un wega pa nos hunga!"
Zay ta kontestá ku un tiki miedu: "Si, nos ta bai landa, pero nos no tin mag di hunga wega brutu."
Ava ku ta tende nan traha plan ta bula mesora den nan kòmbersashon. E ta tene Zay duru na su brasa i bisa Maikel: "Zay no por landa bon ainda." "Ban Zay, Mai ta warda nos." I Ava ta ranka Zay na su brasa i krusa pasa meimei di e multitut di hende, pa nan yega serka Mai ku Ta' Beu.

Ta' Beu su mente ya ta riba e sòpi di karni na kas, pero Mai ta keda kumindá i papia ku hopi hende.
E ta hala serka Mai i bisa den su orea: "Mi sòpi ta yama mi, kòrda kumpra pan."

Mesora Mai ta kòrda, yama tur hende ayó i kana krusa kaya, pa kumpra pan será.

E shon ku ta bende pan será no ta biba leu for di misa. Tur djadumingu tin un rei di hende na su bentana pa kumpra pan.

Zay ta kana mas lihé ku tur hende pa yega kas, e ta kuminsá lòs boton di kamisa for di riba stupi.
E ta kambia paña lihélihé i bisti paña di landa. E ta bisti tur kos pareu: zuèmbruk, slòf, banchi i dùikbrel.

Mai ta puntr'é: "Bo a lubidá ku bo mester kome promé, menertje? I bo no ta bai niun kaminda sin Ava. Baha fria un tiki, bo ta muchu kontentu."
Zay ta bisa: "Ata bèrdat." I e ta kanta; "Sòpi di karni, ku pan será ah ah ah…"
Tur hende ta sinta na mesa pa nan kome. Zay ta sinta ku tur loke e tin bistí na mesa.
Mai ta bira wak e i bisa: "Ken por, eh?"
Ava i Ta' Beu ta bira wak otro, drei wowo den laira, sakudí kabes i sigui kome.

Na laman

Ora nan kaba di kome Ava ta drecha su tas di laman. E ta kue e sèrbètènan, su dùikbrel i sèn largá.

Ora nan ta kla pa bai, Zay ta sali kore, pero Mai ta bolbe yam'é bèk.

"Wak pa mi no tende ku bo a bai hasi nada straño den awa. Mi a mira bo ta traha plan ku e mucha Maikel ei na misa, keda leu for di dje, e ta hunga hopi brutu." Zay ta kalma su mes, hala rosea i bisa: "Si Mai. Ta bon."

Na kaminda Zay no por kana normal, e ta bula i hùpel. E ta puntra Ava sin rosea: "Ta sèn ta zona asina den bo tas? Kiko nos ta bai kumpra?"
Ava ta kontestá: "Nos? Ami ta bai kumpra li serka Tanchi Lu. Li di pinda! Ora kaba nos ta pasa na su kas. Si bo komportá bo, mi ta kumpra pa bo tambe."

Ora nan yega laman, tin bastante hende: tin turista, algun famia i asta un grupo di hende grandi ku semper ta landa huntu.
Zay ta kanta un tiki, segun ku nan ta kana, "*Ami ta bai landa, uhu uhu, abo ta bai landa, uhu uhu.*"

Asina nan pia mishi ku santu, Zay ta kita su suèter, benta slòf un banda kla pa sali kore.

Ava ta yama Zay bèk i rekord'é kiko Mai a bisa: "No bai hunga brutu, pasó bo no por landa bon. Anto no bai hasi wega di man ku e muchanan mas grandi, nan tin mas forsa ku bo."

Tin hopi mucha di bario. Nan ta bula for di pir òf kore tras di otro kantu di laman. E muchanan mas grandi ta landa bai vlòt i esnan ku kurashi ta bai te na e bui kaminda barku grandi sa mara. Ta' Beu no ke pa nos bai ei mes!! Nan ta bisa ku nan a yega di mira piská grandi na e bui.

Ava ta pone tur kos riba un boto ku tin na kantu i ya e ta mira e muchanan di den Mai su hanchi ta kana bin serka dje. Nan tin algun kùp ku tur sorto di piská chikí, kokolishi i otro bestia di laman den dje.

Un di e muchanan ta bisa: "Ban Ava, mi a mira un par di kokolishi hopi bunita mas aya banda."

Ava ta bis'é: "Mi ta buska esun ku nan ta yama 'Cabrit Murex'."

"Kabritu kiko?" Un di e muchanan ta grita sorprendí.

"No." Ava ta hari i splika: "Cabrit Murex, ta un kokolishi ku bo no ta topa kasi mes. Mester buska bon."

45

Maikel i su rumannan tambe ta na laman. Kada bes ku un mucha subi pa bai bula for di pir, e ta pusha nan na awa. Un par di mucha mas grandi ta hasi wega di man kuné, pa purba push'é, pero e ta gana tur. Zay ta keda landa i no ta bai riba pir mes.

Maikel ta grita Zay: "Bin pusha mi for di pir noh! Wak ken ta keda pará. Ami ta rei di pir, niun mucha no por gana mi!" Anto e ta hisa su mannan manera 'body builder'. Zay ta keda bon mucha di dje den awa i no ta bai kaminda ta mas hundu. E ta evitá problema. E ta bisti su dùikbrel i landa bai wak piská i koral.

Ava i su amiganan ta piki kokolishi na e ref kantu di awa. Un di e muchanan ta bisa: "Ami si a bisti mi sapatu di landa pasó aki banda tin hopi seapel."
Un otro mucha ta bis'é: "Hopi chapo, niun mucha di bario no ta bisti sapatu, bo tin ku djis paga tinu."
Ava ta puntra: "Seapel ta hasi doló si bo trapa riba dje?"
"Si, hopi doló." Nan ta kontestá. "Anto e sumpiñanan ta drenta bou di bo kueru."

Ava tambe ta pia bou, e ta bisa: "Awèl, ami ta kana pokopoko pa nada no pasa mi."

Ora di buska kokolishi, nan ta hinka man den awa i bou di piedra pa kue nan. Di ripiente un kolebra bèrdè ku djente skèrpi i largu ta saka kabes for di bou di un piedra i spanta e muchanan.

Nan ta grita masha duru mes, laga tur kos kai i sali kore limpi bai.

E muchanan ta disidí di bai sigui landa otro kaminda. Nan ta hunga tur sorto di wega den awa, wak ken

por landa yega vlòt promé, wak ken por wanta rosea mas largu bou di awa i ken por traha e mihó bòm.

Maikel tabata gana kasi tur e weganan pasobra den tur e tabata hunga wega sushi. E ta pusha e muchanan. Zay si no ta hunga e weganan ei. E ta preferá di sigui snòrkel i wak piská. E ta mira Gutu, Boka largu, Djindja i asta un Kabai di awa chikí.

Ora Maikel a bin ku un regla nobo pa e wega di wanta rosea bou di awa, Ava ta disidí ku awor si ta basta. E wega a bira peligroso, no ta dushi mas. E ta yama Zay pa nan bai kas. "Zay! Zay!" Pero Zay tin su kabes den awa, e no ta tende. Ava i su amiganan ta landa bai kaminda e ta. Ava ta yega te serka dje i mishi ku su pia.

"Whuuiiiii!!" Zay ta bula hisa kabes, spat masha hopi awa mes i grita: "Bo a spanta mi Ava, mi a kere ta bestia!"

Tur mucha ta hari.

Ava ta bisa ku un stèm harí: "Sòri, mi no kier a spantá bo. Ban kas, nos a keda hopi, un djis solo ta baha."

Zay, un tiki spantá ainda ta kita su dùikbrel i landa bai kantu huntu ku e otro muchanan.

Li di Tanchi Lu

Ora nan a kaba seka kurpa i pone nan kosnan den tas, nan ta kuminsá kana pa bai serka Tanchi Lu ku ta bende li.

Zay ta puntra Ava: "Mi a komportá mi bon tòg? Bo ta kòrda kiko bo a primintí mi?"

Ava ta bisa: "Si Zay, mi no a lubidá. I mi a spanta bo tambe, pues awe sí bo meresé un li sigur. Anto mi tambe a spanta un ora awe, mi tambe mester un li pa baha spantu."

"Ken a spanta bo?" Zay ta puntra.

Ava ta traha su kara i su mannan manera un bestia feros i ku un stèm di mònster i e ta bisa: "Un kolebra bèrdè, ku djente skèrpi, ku kabes grandi i wowo spantoso."

Zay ta sinti un rel pasa den su lomba i e ta sakudí su kurpa pa kita e sintimentu. E ta guli i bisa den asombro: "Imaginá bo ku ta e bestia ei a mishi ku mi pia no. Whui!" I su ku kurpa ta bolbe kue rel.

Ora nan yega kas di Tanchi Lu, nan ta grita: "Bon tardi! Tanchi Lu! Tanchi Lu!"

Un pia, un pia Tanchi Lu ta kana bini serka nan. El a kaba di lanta for di soño.

Ora nan mira Tanchi Lu nan ta grita kontentu: "Bon tardi, nos por a haña li?"
Tanchi Lu ta kontestá nan: "Bon tardi. Mi tin li di pinda, anasa, tuti fruti, koko i fresa."

50

Zay ta grita lihélihé; "Pinda! Li di pinda mi ke!" E ta pasa lenga na su lep manera kos ku e ta sinti su smak kaba.

"I abo?" Tanchi Lu ta puntra Ava?

Ava ta bisa: "Mi no sa, mi ta gusta pinda, pero fresa tambe ta zona dushi."

Tanchi Lu ta puntra e muchanan: "No ta nietu di Ta' Beu i Mai Inchi bosnan ta?"

Nan tur dos ta kontestá pareu; "Si, nietu di Mai ku Ta'."

Tanchi Lu ta bisa nan: "Awèl, paga mi pa dos li i mi ta duna boso un di kada sabor pa boso hiba pa Mai, semper mi ta kumpra piská serka dje."

E muchanan ta dal un smail di orea pa orea.

Asina Ava i Zay haña e linan, nan ta grita: "Danki Tanchi Lu!"

Tanchi Lu ta bisa nan: "Di nada, nos mester kompartí. Kumindamentu pa mi."

E muchanan ta paga, yama ayó i kome nan li segun ku nan ta kana bai kas bèk.

Mankaron

Ora nan yega kas, nan ta mira un mener ku un baki grandi ku hopi mankaron den dje. Nan ta pone e otro linan den frishidèr i bai serka e mener.

Tur djadumingu atardi e ta pasa kas pa kas i bende su mankaronnan, nan ta hole dushi i nan ta kayente ainda.

Mai ta kumpra tres mankaron, un pa e ku Ta' Beu, un pa Zay ku Ava, i un pa e bisiña. E ta puntra Ava; "Bo por bai hiba esaki pa e bisiña pa mi? El a yuda mi kambia mi pera di lus ki dia ei i mi ke kompartí esaki kuné."
"Si Mai." Ava ta tuma e mankaron i kore bai mesora.

Zay ta bisa Mai: "Tanchi Lu a manda kumindamentu i el a duna nos li èkstra pa Mai ku Ta'."
Ta' Beu a tende Zay i e ta bisa: "Bo ta wak ei? Ora bo duna, bo ta haña."
Esei si Zay a komprendé bon bon i e ta bisa:"Si Ta'! Ora bo parti ku otro hende, bo ta haña bèk serka un otro hende atrobe, asina nos tur ta yuda otro."

Ora Ava bini bèk, Mai ta duna nan djus. Zay ku Ava ta disfrutá di nan mankaron i Mai ku Ta' Beu ta kome nan li.

Mas atardi Mai ta puntra e muchanan; "Ki ora boso ta bai baña pa kita salu for di boso kurpa?"
Nan ta grita, "ataaa!" Nan ta disfrutá asina tantu di nan atardi, ku nan ta lubidá mes ku nan kurpa ta tur na salu i santu.

Zay ta kòrda Ava: "Bisti paña pretu pa hunga tapa kara mas anochi."
Ava ta bis'é: "Ken a bisa e kos ei? Ken mas ta bai hunga?"
Zay ta skonde kara un tiki i e no ke bisa ku ken el a traha plan dilanti di Mai pa e no rabia. I e ta bisa: "Ora nos bai den kamber mi ta bisa bo."

Ta' Beu ta bira wak nan, mustra dede riba Zay i bisa nan: "Bosnan kidou!"

Kas bandoná

Zay i Ava ta sinta den stupi, tur na pretu bistí, manera ta guera nan ta bai. Tur dos ta kla prepará pa ora e otro muchanan di banda di kas sali riba kaya, nan kore bai topa nan.

"Ata Maikel ei!" Zay ta mustra dede riba un hende bistí meskos ku un hende ku ta bai hòrta, tur na pretu: suèter pretu, karson pretu, sapatu pretu, mea pretu, asta su pèchi ta pretu.
"Eh eh!" Ava ta bisa: "Kasi mi no por a rekonosé mes. Imaginá bo ora bira mas sukú."

Tiki tiki, mas mucha ta bini aserka, tur ta na pretu bistí. Nan ta reuní kaminda nan sa hunga futbòl. Tin mas o ménos diessinku mucha. Kasi tur djadumingu anochi nan sa hunga tapa kara huntu.
Pero e biaha akí ta manera ku e wega ta un tiki mas misterioso, bo por sinti esei.

Ora tur mucha t'ei Maikel ta bisa: "Awe nos ta bai hunga tapa kara un tiki otro!"
"Ay nò!" "Abo atrobe ku bo reglanan straño?" Tur mucha ta kuminsá zundr'é pareu.

"Warda, warda, warda, laga mi splika." Maikel ta splika: "No ta tur biaha Zay ku Ava t'ei, p'esei mi ke hasi algu 'leuk' pa nan."

Ava ta wak Maikel ku un kara sospechoso, e ta traha su wowonan chikí chikí, krusa su mannan i bis'é: "Ki plan straño bo tin?
Ami no ta gusta nada peligroso."

Tur mucha ta wak Maikel ku hopi atenshon pa nan tende kiko e ta bai bisa.

"Normal, nos ta hunga tapa kara riba kaya tòg? Awèl,

awe nos bai hunga tapa kara den e kas bandoná ei." I e ta mustra riba un kas bashí, bandoná ku tin den nan hanchi.

Un di e muchanan ta bisa: "Nò, ami nò, mi tin miedu di drenta den e kas ei. Mi a yega di mira un kos move eiden."

"Nò, no tin nada eiden." Maikel ta bisa nan, "Ami mes a bai kana den e kas ei un par di dia pasá. Mi a limpia tur e matanan ku a krese den e kas. Kasi sigur ta e matanan bo a mira move, kere ta algu straño."

Zay ku muchu entusiasmo ta bula bisa: "Ami si ke bai hunga tapa kara eiden."

Maikel ta bisa: "Tin yen di kamber ku muraya pa skonde."
Tur mucha ta habri dos wowo grandi keda wak otro. Maikel ta frega su mannan den otro i kuminsá kana bai na e kas bandoná. Tur e muchanan ta siguié, algun entusiasmá, i e otronan nèrvioso, pero niun no ta keda sin bai.

Nan a yega

Segun ku nan ta kana bai, Ta' Beu ta sintá den bentana i ta wak moveshon di e muchanan riba kaya. E ta bira bisa Mai: "Wak e muchanan ei. Maikel tin nan tur den su plant'i man... e ta bai haña!"

Mai ta bisa Ta' Beu: "Nan kuenta, mi a taha Zay ku Ava fo'i dje."
Nèt Mai ta kaba di papia, un outo ta lora drenta kurá, para dilanti di kas. Ta Mami ku Papi a yega bèk i a bin buska e muchanan.

Nan ta drenta kas, kumindá i puntra mesora pa e muchanan. Ta' Beu ta bisa Papi: "Bo yunan ta den kas di Nita, e kas bandoná ei. Nan ta hunga tapa kara eiden."

Mami ta hala un rosea i benta su kurpa den stul, pasobra e tabata hopi kansá di e biahe i e ta pidi Mai un tiki awa.

Papi ta spanta i bisa: "Dikon boso a laga e muchanan bai den e kas ei? Tin yen di kos lòs eiden, ta peligroso!"
Ta' Beu ta kontestá Papi: "Ah, laga e muchanan hunga! Bo tambe a hunga den e kas ei ántes."

Papi ta bis'é: "Si, anto ainda mi ta mira kaminda klabu a hinka mi na mi pia den e mesun kas ei. Ta hopi aña e kas ei tin bashí, aworakí lo ta pió.
Mi ta bai buska nan."

Ta' Beu ta hisa su dede i bisa Papi: "Djis wak konta ku Maikel. Mi a mir'é bai pone un kos den e kas mas trempan."

Papi ta komprendé e mensahe mesora i un spit di mucha ta drenta den dje. E ta kore krusa kaya meskos ku un mucha chikí ku tambe ke hunga tapa kara.

Boo!

E muchanan ta hasi hopi bochincha den e kas. Nan ta hari, nan ta grita, nan ta skonde i nan ta spanta otro. Tur tin un tiki miedu, pero nan ta hunga tòg. Maikel ta skonde un laken blanku ku dos buraku pa wowo den entrada di e kas.

El a traha su plan pa ora e muchanan ta skonde, e bisti e laken i spanta nan.

Ora papi yega na e kas e ta tende, "Kuarentiocho, kuarentinuebe, sinkuenta, mi ta klaaa!" Maikel ta kaba di konta i ta su bùrt pa buska mucha. Tur mucha ta bon skondí. Ku nan paña pretu bistí, e no ta mira nan mes.

Papi ta para den porta i e ta mira e laken nèchi doblá poné den huki. Mesora Papi ta komprendé kiko Ta' Beu a bis'é i ta haña un idea. Papi ta pone e laken riba su kabes i para den un huki.

Maikel ta kana den e kas i e flur di palu ta krak. "Unda boso ta? Boso no por gana mi!" Pero niun mucha no ta move. Maikel ta grita "Boo!", kada bes ku e drenta den un di e kambernan pa buska e muchanan.

E ta drenta den un kamber pa e grita "Boo", pero Papi ta bula su dilanti i grita mas duru: "Boo!"

Maikel ta grita, "AAhhh!!!" E ta spanta asina tantu ku e ta sali kore limpi bai kas bou di yoramentu!

Ora e otro muchanan tende Maikel grita, nan tambe ta grita i sali for di kaminda nan ta skondí.

Nan ta kore sali for di e kas i topa Papi para pafó bou di harimentu ku e laken den su man. Zay i Ava ta grita: "Papiii!" I nan ta bras'é duru pa kumind'é.

Zay ta puntra ku un kara kontentu pero bastante konfundí: "Kiko Papi ta hasi aki?"

Un mucha ta puntra Papi tur spanta: "Tio, kiko a pasa Maikel?"

Papi ta sigui hari i ta bisa e muchanan: "Mi a spanta Maikel ku un laken riba mi kabes."

Un di e muchanan, ku spantu den su stèm ta puntra: "Unda tio a haña laken dje lihé ei?"

Papi ku ainda no por stòp di hari ta splika: "Ta' Beu a mira ku Maikel a plania pa spanta boso i mi a usa su mes triki riba dje. E no a spera esei." I Papi ta bolbe kuminsá hari atrobe.

E muchanan tambe ta kuminsá hari awor ku nan ta komprendé kiko a sosodé.

Despues di un ratu un pa un nan ta yama otro ayó i ta kana bai kas. E rumannan di Maikel tambe ta kana bai kas.

Papi i e muchanan ta kue rumbo pa kas, pero promé ku esei, nan ta kana bai kas di Maikel pa dun'é su laken bèk.

Maikel ta sintá den stupi tristu i ainda un tiki spantá. Ava ta tuma e laken for di Papi i duna Maikel i e ta bisa: "Es ku koba un buraku pa un otro, e mes ta kai aden." E ta sigui bis'é: "Nos por hunga sin mester hunga sushi òf hasi kos pa malu. Otro biaha ku nos bin Bok'i Samí, nos ta bolbe hunga tapa kara bon?" I Ava ta saka man pa duna Maikel, pero Zay ta bula brasa nan tur dos huntu.

Papi i e muchanan ta yama bonochi i nan ta kana bai kas. Segun ku nan ta yega Papi ta bisa Ava: "Di unda bo a sali ku e dicho ei?"
Ava ta traha un kara di satisfakshon i bisa Papi: "Ta nietu di Ta' Beu mi ta, mi tambe tin mi dichonan."

Na kaminda nan ta sigui papia i konta Papi kon dushi nan a pasa nan wikènt na Boka Samí.

Giselle Pieternelle

Mi nòmber ta Giselle Pieternella i biba den mi imaginashon ta mi pashon. For di 2020 mi a disidí di pone mas atenshon na mi talentonan artisitiko i asina mi a diskubrí mi amor pa krea i pinta. Mi a kuminsá pinta ku pòtlot i papel, despues mi a kuminsá pinta ku fèrf akríliko riba kanvas i awor mi ta pinta digitalmente. Esei a duna mi mas libertat pa trese mi ideanan den realidat i asina mi por tatin e oportunidat pa traha riba e buki aki tambe. Mi gusta ekspresá amor pa bida i tur kos ku tin den dje den hopi koló i figura, pues esaki tabata un onor. Danki na Dios su grasia i poder.

www.ingramcontent.com/pod-product-compliance
Lightning Source LLC
Chambersburg PA
CBHW051242120626
46547CB00014B/1765